L6 6/5/A.

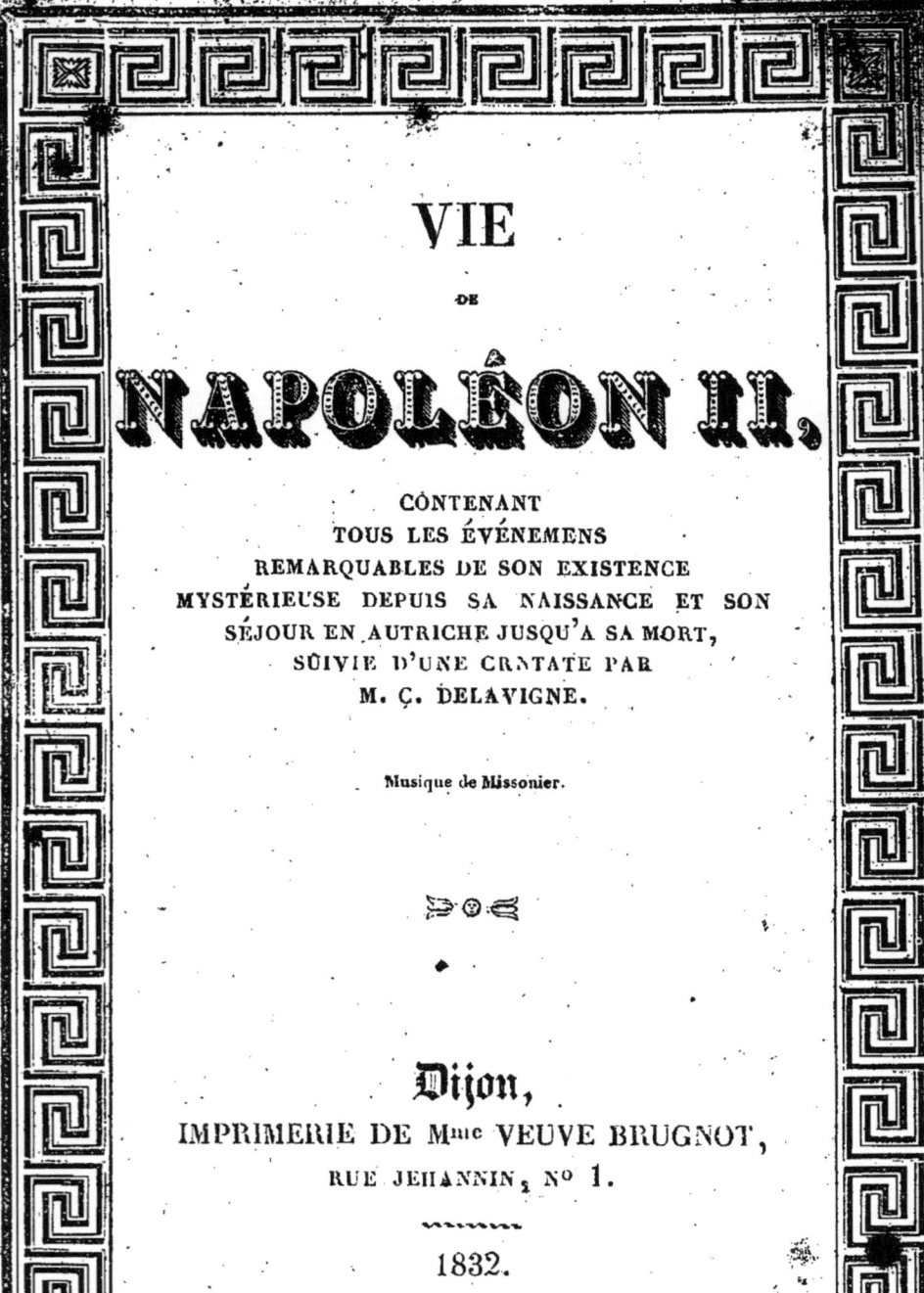

VIE
DE
NAPOLÉON II,

CONTENANT
TOUS LES ÉVÉNEMENS
REMARQUABLES DE SON EXISTENCE
MYSTÉRIEUSE DEPUIS SA NAISSANCE ET SON
SÉJOUR EN AUTRICHE JUSQU'A SA MORT,
SUIVIE D'UNE CANTATE PAR
M. C. DELAVIGNE.

Musique de Missonier.

Dijon,
IMPRIMERIE DE M.me VEUVE BRUGNOT,
RUE JEHANNIN, N° 1.

1832.

VIE

DE

NAPOLÉON II,

CONTENANT

TOUS LES ÉVÉNEMENS REMARQUABLES DE SON EXISTENCE
MYSTÉRIEUSE DEPUIS SA NAISSANCE, SON SÉJOUR
EN AUTRICHE JUSQU'A SA MORT,

SUIVIE

D'UNE CANTATE,

PAR **M. C. DELAVIGNE**,

Musique de Missonier.

DIJON, IMPRIMERIE DE Mme Ve BRUGNOT,
RUE JEHANNIN, N° 1.

1832.

TABLE SOMMAIRE.

Déclaration de l'Auteur. — Mensonge et calomnie. — Véritable cause du divorce de l'Empereur. — L'impératrice Joséphine. — projet de mariage. — L'Autriche l'emporte sur la Russie. — Portrait de l'Archiduchesse Marie-Louise. — Mariage civil et religieux de l'Empereur. — Circonstance singulière. — Voyage de LL. MM. — Craintes et doutes de Napoléon. — Annonce officielle de la grossesse de l'Impératrice; joie de l'Empereur. — Traits de la vie de Napoléon II. — Sa mort.

LE FILS DE NAPOLÉON EST MORT!.....

L'Europe a appris ce triste événement par quelques obscurs articles des journaux; elle avait appris sa naissance par les salves de l'artillerie française qui retentirent depuis les frontières de la Russie jusqu'au détroit de Reggio et la baie de Cadix.

Napoléon-François-Charles-Joseph, fils de l'empereur des Français, Napoléon-le-Grand, était né à Paris le 20 mars 1811, deux jours avant sa mort il avait accompli l'âge de 21 ans et 4 mois.

La politique des rois de l'Europe a couvert d'un voile sombre l'intéressante vie du fils de Napoléon.

L'histoire s'enrichira de la révélation de quelques-uns des faits qui ont pu signaler cette existence, hélas trop courte! Tous cependant ne sont pas restés inconnus, et nous pouvons offrir au public une vie à peu près complète de Napoléon II.

C'était vers la fin de l'année 1809; l'Empereur venait, par de nouvelles victoires, d'assurer la couronne sur sa tête; rien ne manquait à sa gloire, mais un héritier manquait à son bonheur.

Napoléon ambitionnant la gloire d'être le fondateur d'une quatrième dynastie, voulait un héritier direct de son sang.

Napoléon divorça; l'on cherchait encore dans les diverses cours de l'Europe quelle princesse pourrait être destinée à porter la couronne de France, quand on apprit que Napoléon avait obtenu une princesse de la maison d'Autriche.

Le mariage civil de Napoléon et de Marie-Louise ut célébré au palais de Saint-Cloud, le 1er avril 1811.

Vers la fin d'avril, l'Empereur et l'Impératrice partirent ensemble pour visiter les départemens du Nord. Ce fut au retour de ce voyage qu'on commença à s'entretenir de la grossesse de Marie-Louise.......

Le 19 mars, à neuf heures du soir, l'Impératrice ressent les premières douleurs; après en avoir éprouvé de plus cruelles, elle fut délivrée après vingt-cinq minutes d'un travail douloureux.

Il faut avoir vu Napoléon dans ses effusions de joie domestique, pour apprécier qu'elle fut la sienne à l'apparition de cet enfant, sur qui se reposait toute une dynastie, tout un avenir.

Jamais la victoire ne lui avait fait verser une larme, mais le bonheur d'être père avait amolli cette ame que les plus éclatantes victoires avaient toujours trouvée si ferme.

Le peuple français qui, depuis trente ans, avait passé par tant d'émotions, et qui avait fêté tant de victoires, montrait un enthousiasme aussi vif que s'il se fut agi d'une première fête.

Le roi de Rome fut ondoyé dans la chapelle des Tuileries.

Aussitôt après sa naissance, le roi de Rome fut confié à une nourrice saine et robuste prise dans la classe du peuple.

TRAITS DE LA VIE DE NAPOLÉON II.

Un homme très recommandable, mais très malheureux, se servit d'un stratagème que lui avait suggéré la necessité; il rédige un placet qu'il adresse à Sa Majesté le roi de Rome. Le pétitionnaire présenté à l'Empereur, ce dernier prit le placet, remarqua la suscription et parut agréablement étonné.

Cela ne me regarde pas, dit Napoléon, que l'on conduise monsieur qui aura l'honneur de le présenter lui-même à mon fils. Vous reviendrez après.

Le roi de Rome avait alors six mois: le pétitionnaire ne se démonte pas voyant la fortune lui sourire; il s'avance auprès du berceau du prince, et après la plus respectueuse révérence, déploie son papier et lit le contenu à haute et intelligible voix.

Après cette lecture, l'enfant roi ayant fait entendre des sons inarticulés, le pétitionnaire retourna auprès de l'Empereur qui lui dit le plus sérieusement du monde :

Eh bien, qu'est-ce que mon fils a répondu? — Sire, Sa Majesté le roi de Rome n'a rien répondu.

Qui ne dit mot consent, reprit l'Empereur; et le pétitionnaire obtint une place de 6,000 fr.

L'enfant était généralement docile; cependant il entrait quelquefois dans des accès de colère.

Sa gouvernante avait adopté un moyen excellent pour l'en corriger : c'était de demeurer impassible.

Un jour qu'il se roulait à terre en poussant de grands cris, sans vouloir écouter les remontrances de sa gouvernante, celle-ci ferme les fenêtres et les contre-vents.

L'enfant, que ce changement imprévu de décoration étonne, demande à sa gouvernante pourquoi elle agit ainsi.

« C'est de peur qu'on ne vous entende, » répond Mme de Montesquiou.

« Ha, il ne faut donc pas pleurer? J'en suis bien fâché : pardonne-moi, *Maman Quiou.* »

C'est ainsi qu'il appelait Mme de Montesquiou.

Un matin qu'il jouait avec le jeune Albert dans la partie du jardin de Saint-Cloud, ce dernier, à la suite d'une petite querelle, le menace et fait semblant de vouloir le frapper.

Alors le Roi de Rome s'écrie : « Et si on te voyait? »

« Il n'y a personne, je n'ai pas peur, » répond Albert.

« Ah! oui, tu sais bien que je ne le dirai pas. »

Un matin qu'il venait voir l'Empereur, il traverse

un salon où, parmi plusieurs grands personnages, se trouvait le prince Jérôme.

L'enfant passe tout droit sans saluer personne.

Le Roi de Westphalie l'arrête; le prend dans ses bras et lui dit : « Ne veux-tu donc pas me dire bonjour, aujourd'hui?

— Non, laisse-moi. — Et pourquoi? ajoute Jérôme.

— Parce que papa avant c'est l'Empereur. »

Le jeune Napoléon se trouvait à Vienne à l'époque où le général Bélmott mourut. On lui fit des funérailles magnifiques, et conformément à l'usage, le cortége funèbre parcourut toutes les rues de la capitale. Le fils de Napoléon vit passer le convoi, et comme il exprimait le plaisir de voir de si belles troupes, le prince de Ligne lui dit : « Vous verrez bien autre chose à ma mort!

— Alors à la mienne? répliqua le jeune Napoléon.

— Ma foi! on ne sait pas.

— Vous avez raison, car il n'y aura peut-être personne. »

Le malheureux prince ne se doutait pas que sa prédiction se réaliserait.

Quelque temps avant sa mort, il disait : *Si jeune! n'y a-t-il donc aucun remède? Ma naissance et ma mort, voilà donc quels seront les seuls souvenirs!*

Il y a quelque temps sa mère lui envoya le berceau de vermeil que lui avait donné la ville de Paris; il le fit déposer au Trésor impérial, et en rappelant cette circonstance, il dit : *Ma tombe sera près de mon berceau!*

Ce jeune prince paraissait un jour absorbé par une idée fixe; il était entièrement distrait de son travail : tout à coup il se frappe le front avec un signe d'impatience et laisse échapper ces mots : *Mais que veulent-ils donc faire de moi? pensent-ils que j'ai la tête de mon père?*

Déjà dès le commencement de l'automne de l'année 1831, la santé du duc de Reichstadt était gravement altérée; le médecin Malfatti resta seul auprès du jeune prince.

La fin de l'année 1831 n'apporta aucun soulagement aux maux que le duc de Reichstadt endurait, et au commencement de 1832 les diverses affections qui semblaient le miner prirent tout à coup une marche inquiétante. Vers le 14 juillet, une amélioration sensible se manifesta; mais le 16 au matin il n'existait plus.

Les restes mortels du fils de Napoléon furent exposés le 24 à la vue du public, dans l'église paroissiale du palais; à deux heures après midi son cœur fut porté à la chapelle de Lorette; à cinq heures on transporta le corps dans le caveau de la famille.

Ainsi finit la carrière d'un jeune prince qui, oublié dès sa naissance, ne reparut sur la scène du monde que pour la quitter. Ce fut comme une lumière qui projète un dernier éclat avant de s'éteindre; ce fut le dernier adieu, enfin, qu'il nous adressait. Nous le lui avons rendu en détournant la tête.

CANTATE,

PAR M. Casimir DELAVIGNE.

Air du Drapeau tricolore.

Petit oiseau, de leur mourant feuillage
Le sombre hiver a dépouillé nos champs,
Suspens les sons de ton brillant ramage ;
Qu'un chant d'adieu termine tes doux chants.
Quand l'aquilon désolait la nature,
Il fallut quitter ton rameau chéri ;
J'ai craint pour toi les vents et la froidure :
Petit oiseau ne chantera plus ici.

Petit oiseau, en quittant ta retraite,
Si mon amour eût pu changer ton sort ;
Rester avec moi... Mais au sein des tempêtes
Devais trouver l'esclavage ou la mort.
Autour de toi j'ai vu voler ta mère,
De sa douleur tu n'entends plus le cri ;
Elle t'appelle sur la rive étrangère :
Petit oiseau, elle gémit loin d'ici.

Petit oiseau cherchant un plus doux rivage,
Sous d'autres cieux tu pleurais tes malheurs ;
A nos frimats, aux fureurs de l'orage,
De l'exil tu préféras les rigueurs.
Que je t'ai plains, petit oiseau de France,
Au loin tu fus demander un abri.
Hélas ! ta mort emporte l'espérance :
Petit oiseau ne chantera plus ici.

Petit oiseau, des airs de ton enfance
Combien de fois tu charmas notre amour ;
Ta voix ouvrait nos cœurs à l'espérance,
Et pourquoi donc n'as-tu vécu qu'un jour ?
Dans un orage on vit mourir ton père :
Ah ! fallait-il te voir mourir aussi !
Croyant t'abriter sur la rive étrangère,
Petit oiseau va mourir loin d'ici.

Nota. Les personnes qui ne voudront pas faire l'acquisition de cet Ouvrage, sont instamment priées de ne pas déchirer l'enveloppe.

www.ingramcontent.com/pod-product-compliance
Lightning Source LLC
Chambersburg PA
CBHW071416060426
42450CB00009BA/1916